FULL SCORE

WSL-18-007
〈吹奏楽セレクション楽譜〉

# Amazing Grace ～around the World～

福田洋介　編曲

| 楽器編成表 | | |
|---|---|---|
| 木管楽器 | 金管・弦楽器 | 打楽器・その他 |
| Piccolo | B♭ Trumpet 1 | Drums |
| Flutes 1 & 2 | B♭ Trumpet 2 | Percussion 1 |
| Oboe | B♭ Trumpet 3 | ...Timpani, |
| Bassoon | F Horns 1 & 2 | Darbuka or Bongo,Wind Chime, |
| E♭ Clarinet | F Horns 3 & 4 | Tambourine,太鼓 or Conga, |
| B♭ Clarinet 1 | Trombone 1 | Shaker & Pandeiro |
| B♭ Clarinet 2 | Trombone 2 | or Tambourine,Bongo |
| B♭ Clarinet 3 | Trombone 3 | Percussion 2 |
| Alto Clarinet | Euphonium | ...Triangle,Wood Block, |
| Bass Clarinet | Tuba | チャンチキ or Agogo Bell, |
| Alto Saxophone 1 | String Bass | Agogo Bell & Tamborim, |
| Alto Saxophone 2 | | Maracas,Conga |
| Tenor Saxophone | | Percussion 3 |
| Baritone Saxophone | | ...Sus.Cymbal,Tambourine, |
| | | Surdo,Crash Cymbals |
| | | Percussion 4 |
| | | ...Glockenspiel,Xylophone |
| | | Full Score |

# Amazing Grace ～around the World～

◆曲目解説◆

　イギリスの牧師ジョン・ニュートンが作詞を手掛け、現在ではゴスペルソングとして広く親しまれている楽曲です。今回の吹奏楽譜は、そんな『アメイジング・グレイス』の有名な旋律を、世界の様々な音楽に乗せてアレンジしました。メドレー形式となっており、テンポやリズムをころころと変えながら色彩豊かに展開していきます。たくさんのソロやソリを取り入れているので見せ場は十分です！演奏者もお客さんも楽しめるメドレーに仕上がっています。誰もが知っているメロディーなので、どんな演奏シーンでも活躍すること間違いなし！バンドのレパートリーに加えてみてはいかがでしょうか♪

◆編曲者からのコメント◆

　ひとつの歌が各地に知れ渡ると、それぞれの土地の個性が光るアレンジがなされることは、これまでの音楽史でも証明されています。
　『アメイジング・グレイス』は、イギリスの牧師ジョン・ニュートンが作詞し、やがてアメリカで最も慕われている愛唱歌となります。この二つの国を結んでいくように、様々な地域を渡り次々に音楽が変化していくアレンジを作成しました。
　まずクラリネット・ソロによるテーマ。続いて、この曲がイギリスをはじめバグパイプで演奏される機会が多いことからバグパイプ風のニュアンスで。ヨーロッパに渡りワルツとポルカの優雅なリズム、ロシアン・ダンスの力強いリズム、中近東のエキゾチックなサウンド、中国の優しい響き、そして日本の「音頭」！地球の真裏のブラジルでサンバ、キューバのチャチャチャ、最後にアメリカのスウィングにたどり着きます。
　それぞれの地域の音楽が持つコントラストを色濃く出した演奏が望ましいです。この機会に各地域の音楽の聴き比べをしてみてください！

(by 福田洋介)

◆福田洋介　プロフィール◆

　1975年東京杉並生まれ。11歳よりDTMシステムによる音楽作りを始める。現在まで作・編曲は独学。そして中学、高校と吹奏楽を続ける。高校在学中に商業演劇の音楽を担当。その後演劇・舞踊・映画・TV・イベント等の音楽製作、吹奏楽・管弦楽・室内楽の作・編曲および指導・指揮に力を注ぐ。吹奏楽やアンサンブルのCDや楽譜を株式会社ウィンズスコア、エイベックス・クラシックスなど各社より多数出版。佐渡裕&シエナWO、「題名のない音楽会21」などのアレンジャーとしても好評を博す。その他、学生団体・一般団体の常任・客演指揮も務めている。
ダイナミックかつシンフォニックな音楽から、一度聞いたら忘れられない透明でシンプルな音楽まで、あらゆる姿の音を紡ぎ出すその作風に、各方面からの評価と信頼が高い。

<主な作品> さくらのうた(第22回朝日作曲賞)、吹奏楽のための「風之舞」(第14回朝日作曲賞)、KA-GU-RA for Band(JBA下谷賞・佳作)、シンフォニック・ダンス、サクソフォン・シャンソネット 他

WindsScore Spielen Musik.

# Amazing Grace ~around the World~

福田洋介 編曲

Amazing Grace ~around the World~ - 3

Amazing Grace ~around the World~ - 5

Moderato ♩=112 [Ondo]
I
134
Picc.
Fl.1,2
tutti
Ob.
Bsn.
E♭ Cl.
Cl.1
Cl.2
Cl.3
A.Cl.
B.Cl.
A.Sax.1
A.Sax.2
T.Sax.
B.Sax.
Open
Solo(or Soli)
Opt.Soli
Trp.1
Trp.2
Trp.3
a2
Hrn.1,2
Hrn.3,4
Trb.1
Trb.2
Trb.3
Euph.
Tub.
pizz.
St.B.
(rim)
Drms.
W.Chime
太鼓 (or Cga.)
チャンチキ (or A.Bell)
Perc.1 (W.Chime)
Perc.2 (チャンチキ)
Perc.3 (S.Cymb.)
Perc.4 (Xylo.)

Amazing Grace ~around the World~ - 20

ウィンズスコアの商品は全国の有名楽器店でお求めになれますが、お店での入手が困難な場合は当社PCサイト・FAX・電話・携帯電話サイトにてご注文いただければ、直接当社からお送りいたします。

●当社PCサイトでのご注文方法
＜http://www.winds-score.com＞へアクセスし、WEBショップにてご注文ください。

●FAXでのご注文方法
FAXにて24時間ご注文を承ります。
当社サイトからFAXご注文用紙をダウンロードし印刷の上、
＜FAX番号：03-6809-0594＞までご注文ください。

●電話でのご注文方法
営業時間内にお電話いただければ、電話にてご注文・お問い合わせを承ります。
＜電話番号：0120-713-771(フリーダイヤル)＞

●携帯電話サイトでのご注文方法
右→のQRコードを読み取ってアクセスいただくか、下記URLを直接ご入力ください。
＜http://www.winds-score.com＞（携帯電話サイトでは試聴できません。）

●この出版物の全部または一部を権利者に無断で複製（コピー）することは、著作権の侵害にあたり、著作権法により罰せられます。

●造本には十分注意しておりますが、万一誤記、落丁・乱丁などの不良品がありましたらお取替え致します。
また、ご意見・ご感想もホームページより受け付けておりますので、お気軽にお問い合わせください。

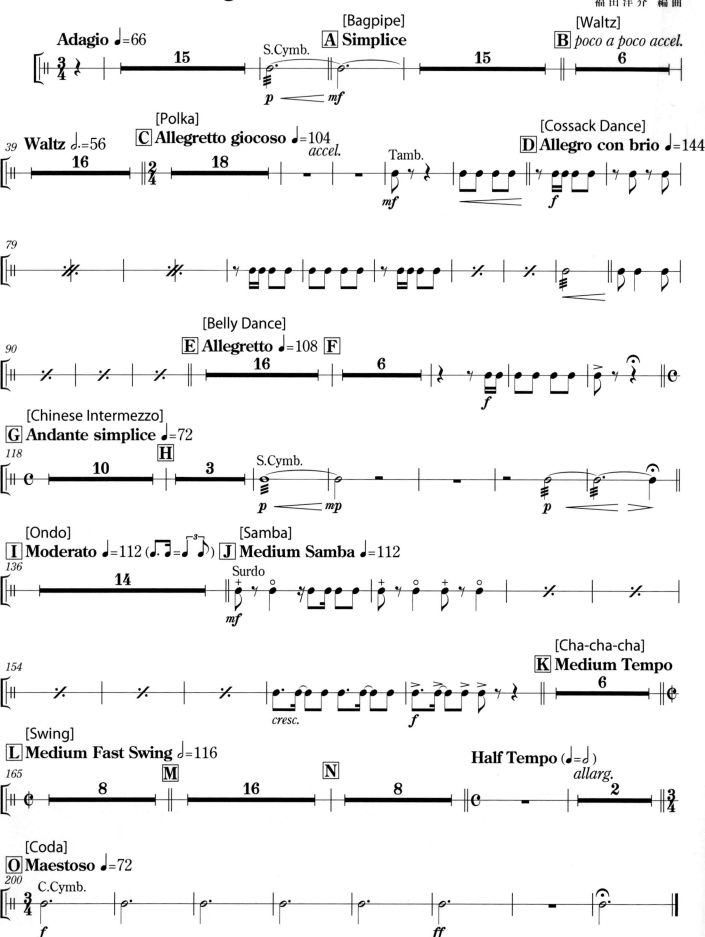

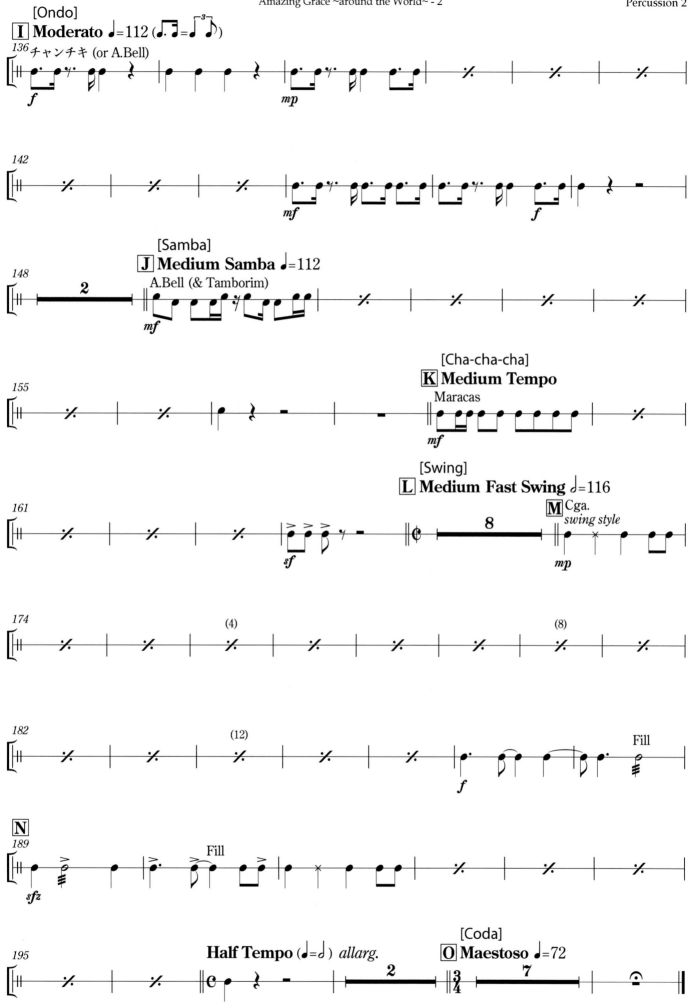

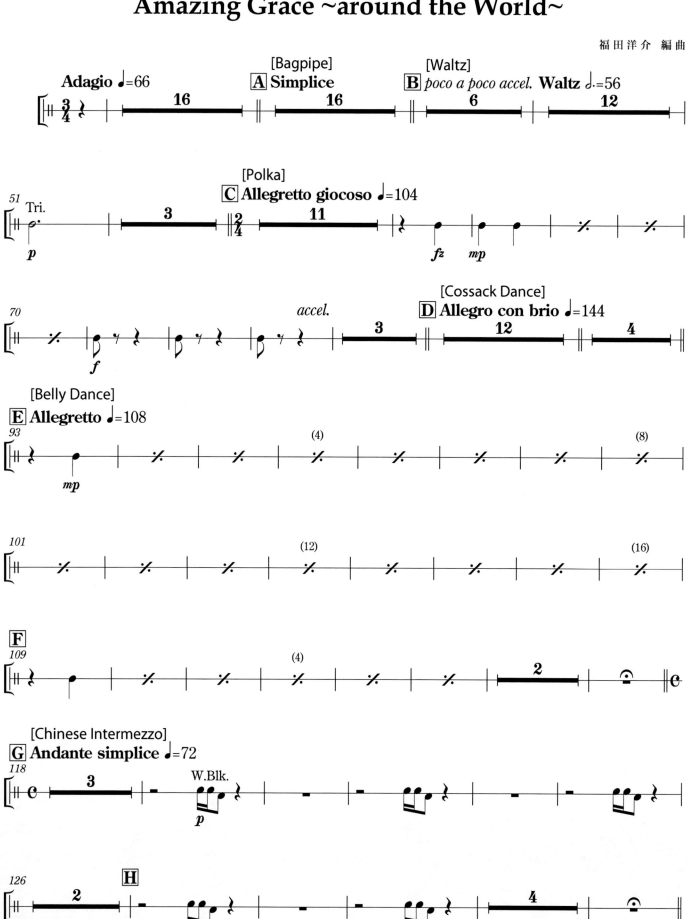

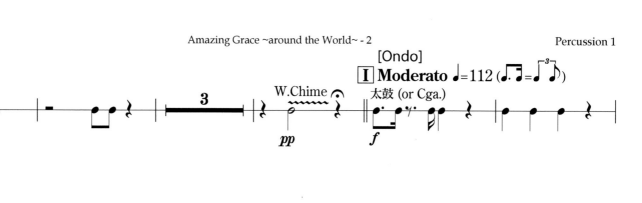
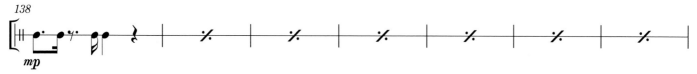

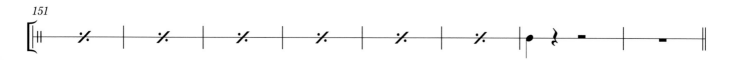
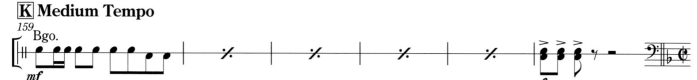
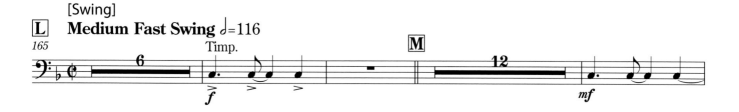

# Percussion 1

Timpani, Darbuka or Bongo, Wind Chime, Tambourine,
太鼓 or Conga, Shaker & Pandeiro or Tambourine, Bongo

## Amazing Grace ~around the World~

福田洋介 編曲

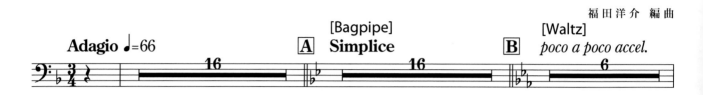

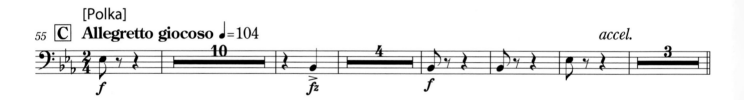

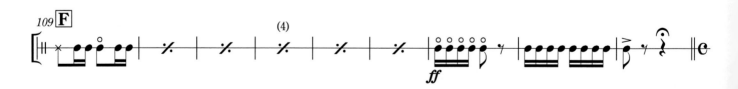

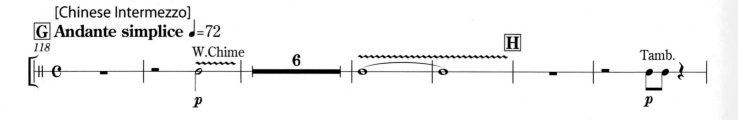

# Amazing Grace ~around the World~

F Horns 3&4

# Amazing Grace ~around the World~

福田洋介 編曲

F Horns 1&2

# Amazing Grace ~around the World~

福田洋介 編曲

B♭ Trumpet 1

# Amazing Grace ~around the World~

福田洋介 編曲

Alto Saxophone 2

# Amazing Grace ~around the World~

福田洋介 編曲

Alto Saxophone 1

# Amazing Grace ~around the World~

福田洋介 編曲

# Amazing Grace ~around the World~

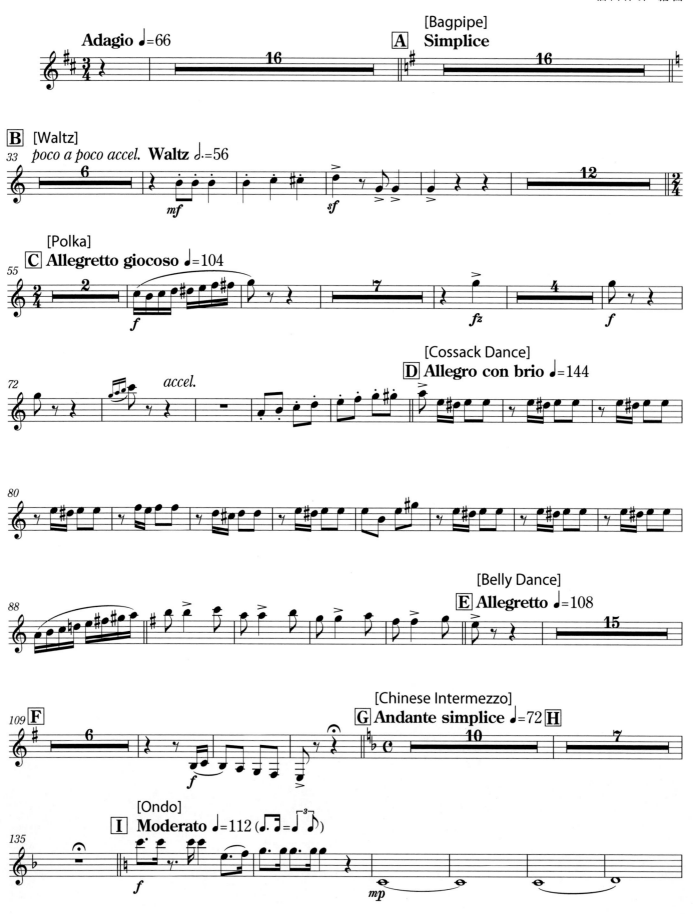

Piccolo

# Amazing Grace ~around the World~

福田洋介 編曲